Adriana Crespo

Il multimedia come risorsa informativa per i pazienti oncologici

AF144359

Adriana Crespo

Il multimedia come risorsa informativa per i pazienti oncologici

Risorsa informativa per i cateteri venosi centrali a lungo termine per i pazienti sottoposti a chemioterapia

ScienciaScripts

Imprint

Any brand names and product names mentioned in this book are subject to trademark, brand or patent protection and are trademarks or registered trademarks of their respective holders. The use of brand names, product names, common names, trade names, product descriptions etc. even without a particular marking in this work is in no way to be construed to mean that such names may be regarded as unrestricted in respect of trademark and brand protection legislation and could thus be used by anyone.

Cover image: www.ingimage.com

This book is a translation from the original published under ISBN 978-620-2-19312-2.

Publisher:
Sciencia Scripts
is a trademark of
Dodo Books Indian Ocean Ltd. and OmniScriptum S.R.L publishing group

120 High Road, East Finchley, London, N2 9ED, United Kingdom
Str. Armeneasca 28/1, office 1, Chisinau MD-2012, Republic of Moldova, Europe
Printed at: see last page
ISBN: 978-620-7-26968-6

SOMMARIO

SOMMARIO:

Il multimedia come risorsa informativa sui cateteri venosi centrali a lungo termine per i pazienti sottoposti a chemioterapia.

Obiettivo: indagare le strategie utilizzate dagli infermieri per fornire indicazioni sul catetere venoso centrale totalmente impiantato (TIVC) ai pazienti sottoposti a chemioterapia; identificare i dubbi dei pazienti sul TIVC: Sviluppare un multimedia come risorsa informativa sul (CVC-TI) per i clienti sottoposti a chemioterapia; Metodo: uno studio esplorativo in cui sono state seguite 20 consultazioni infermieristiche in un ambulatorio di chemioterapia, sempre prima di iniziare il trattamento chemioterapico, in un colloquio esclusivo con un'infermiera specializzata in oncologia con padronanza della materia. Osservando i dubbi dei pazienti e le risorse utilizzate dall'infermiere. Risultati: Categorizzazione delle domande, elaborazione di risposte motivate, creazione di una sceneggiatura, storyboard in cui i temi principali affrontati sono stati la natura del CVC-TI e la sua posizione, le domande sul dolore e le cure specifiche. Creazione di un programma multimediale di 6 minuti Discussione: Il nucleo di questo programma multimediale è costituito da informazioni visive, da una lettura non verbale che può agire come meccanismo di produzione di significati integrati con altri campi di conoscenza e sulla cultura generale dell'individuo. Rappresenta un legame tra comunicazione e conoscenza, tra ciò che si vede e ciò che si conserva, tra ciò che si conserva e ciò che si esprime, tra ciò che si esprime e ciò che ci si aspetta di vedere, garantendo una maggiore comprensione del messaggio. Conclusione: è possibile ritenere che il materiale qui accuratamente preparato faciliterà la comprensione del paziente e il lavoro informativo dell'infermiere. E può essere consultato gratuitamente come materiale di pubblica utilità.

Parole chiave: Linee guida per il catetere totalmente impiantato; Linee guida per il paziente multimediali; Catetere totalmente impiantato e chemioterapia.

I - INTRODUZIONE

Il cancro è un problema di salute pubblica globale che colpisce bambini, adulti e anziani sia nei Paesi sviluppati che in quelli in via di sviluppo. La sua diagnosi è estremamente devastante per il paziente/cliente e la sua famiglia, poiché per molti secoli è stata sinonimo di mutilazione, dolore, paura, ansia e morte. Tuttavia, negli ultimi decenni le possibilità terapeutiche e di guarigione sono aumentate. Una delle principali modalità terapeutiche per il trattamento del cancro è la chemioterapia antineoplastica, che può essere somministrata, a seconda dei casi, come unico trattamento o come complemento agli interventi chirurgici o alla radioterapia. Il trattamento con chemioterapia antineoplastica si basa sull'uso di agenti chimici, da soli o in combinazione, con l'obiettivo di trattare i tumori maligni (PHILLIPS, 2001).

Sebbene siano attualmente disponibili agenti chemioterapici per uso orale, la via di somministrazione principale è ancora quella endovenosa. Molti di questi farmaci chemioterapici antineoplastici hanno un potenziale vescicante, irritante vascolare o di tossicità diretta, causando così un'aggressione e una reazione infiammatoria nell'endotelio vascolare. Questa può evolvere in una sclerosi del vaso, con perdita di funzionalità causata da fibrosi post-infiammatoria o addirittura necrosi in caso di stravaso (FROEHNER JÚNIOR, 2005).

Pertanto, un aspetto cruciale nel trattamento dei pazienti che devono essere sottoposti a terapia endovenosa prolungata è la presenza di un accesso vascolare adeguato e sicuro. L'uso costante della rete venosa superficiale, che di solito avviene tramite puntura con aghi e cateteri di polietilene, spesso per l'uso a breve termine di soluzioni isosmolari e farmaci non caustici, porta invariabilmente all'esaurimento di questo sistema venoso, generando limitazioni intrinseche come la sclerosi venosa, la flebite periferica e lo stravaso, che rendono estremamente difficile la visualizzazione e la puntura a lungo termine. Ciò è aggravato dalla necessità di utilizzare soluzioni iperosmolari o vescicanti per periodi prolungati, nonostante una rete venosa superficiale adeguata all'inizio del trattamento (FROEHNER JÚNIOR, 2005).

In oncologia, l'uso di cateteri periferici sta progressivamente lasciando il posto a cateteri venosi a lungo termine. L'uso costante della rete venosa e la fragilità capillare dovuta alla malattia e al trattamento comportano problemi sempre più gravi nella visualizzazione e nella perforazione del vaso sanguigno (FERREIRA, CAPONERO E TEIXEIRA 2008).

Un catetere può essere consigliato fin dall'inizio del trattamento sistemico per via endovenosa. Dopo un'attenta valutazione dell'accesso associato al tipo di farmaco e alla durata delle applicazioni necessarie per il trattamento endovenoso previsto. L'inserimento di un catetere completamente impiantato è una parte essenziale del trattamento del cancro per alcuni pazienti. Spesso è l'unico modo per accedere ai farmaci chemioterapici dell'organismo. L'intero processo, dalla scelta del catetere più adatto all'anatomia del paziente, agli esami preoperatori, all'intervento stesso e infine al periodo post-operatorio, deve essere circondato da attenzioni affinché sia il meno aggressivo possibile per il paziente (BRUZI E MENDES, 2011).

^ CARRIERA PROFESSIONALE E PROBLEMATIZZAZIONE

La mia esperienza con pazienti affetti da vari tipi di cancro mi ha permesso di maneggiare diversi cateteri allo scopo di infondere farmaci specifici per il loro trattamento. La mia prima esperienza di cura dei pazienti oncologici risale al 1992, in un'Unità di Terapia Intensiva Oncologica, occupandomi di persone trattate per vari tipi di tumore, soprattutto nel periodo post-operatorio degli interventi oncologici.

Nel 1995 ho partecipato all'apertura di un settore specifico per i trapianti di midollo osseo, dove sono entrata in contatto con la chemioterapia ad alto dosaggio per questa situazione. Poco dopo, ho avuto contatti con pazienti oncologici nelle varie fasi della loro malattia e, accompagnando tirocini sia per laureandi che per laureati, oltre che per specializzandi, mi sono resa conto di quanto sia fondamentale per gli infermieri saper valutare correttamente la possibilità di accedere a vasi in grado di ricevere i farmaci che verranno infusi per il trattamento chemioterapico. Da allora, quindi, mi sono resa conto che un accesso venoso sicuro è essenziale per il trattamento del cancro. Attualmente esistono sul mercato numerosi dispositivi che rispondono alle esigenze di ogni trattamento chemioterapico.

Nel 2007 ho iniziato a lavorare esclusivamente nel reparto di chemioterapia ambulatoriale, dove i dispositivi venosi utilizzati per l'infusione della chemioterapia sono per lo più cateteri periferici o completamente impiantati (CVC-TI). La scelta del dispositivo dipende da una serie di variabili, come i fattori legati alla malattia, la pianificazione e la previsione del trattamento, nonché il tipo di farmaci utilizzati e la capacità di autocura del paziente.

Pertanto, la scelta di un accesso venoso sicuro diventa imperativa ed essenziale affinché questa proposta terapeutica sia efficace ed efficiente.

Nel 2009 ho istituito la Consulenza infermieristica nell'ambulatorio di chemioterapia, dove il paziente viene sistematicamente visitato e orientato per almeno due giorni prima di iniziare il trattamento. Questo è fondamentale per l'infermiere per accertare le condizioni migliori per impiantare o meno un catetere venoso.

L'esperienza della consultazione ha permesso soprattutto di constatare la difficoltà dei pazienti a comprendere nello specifico l'impianto del catetere in vena, nonché la difficoltà dell'infermiere a trasmettere questo messaggio in modo sereno e positivo. Nonostante l'adozione di alcune strategie volte a comunicare con il paziente, come l'uso di immagini, la dimostrazione del dispositivo e la spiegazione della procedura stessa, molti pazienti non si sentono ancora soddisfatti e manifestano una serie di comportamenti, come ansia e preoccupazione per ciò che verrà fatto come parte del loro trattamento. Molti si rifiutano poi di farsi perforare un vaso per posizionare il catetere, ritardando così il trattamento proposto.

Il problema e il fenomeno di questo progetto risiedono quindi nell'orientamento del paziente e, per comunicare in modo efficace ed efficiente la proposta di inserimento di un catetere venoso centrale a lungo termine per il trattamento dei pazienti oncologici sottoposti a chemioterapia, propongo la creazione di un multimedia.

^ L'OGGETTO DI STUDIO

I media interattivi come risorsa informativa sui cateteri venosi centrali a lungo termine per i pazienti sottoposti a chemioterapia.

LE DOMANDE GUIDA

1- Quali strategie informative utilizzano gli infermieri durante le consultazioni infermieristiche per orientare i pazienti sui cateteri venosi centrali a lungo termine durante la chemioterapia?

2- Quali domande hanno i pazienti sull'uso di un catetere venoso centrale a lungo termine durante la chemioterapia?

^ GLI OBIETTIVI:

CENTRO: Sviluppo di un multimedia interattivo come risorsa informativa sui cateteri venosi centrali a lungo termine per i pazienti sottoposti a chemioterapia;

SPECIFICO:

- Descrivere le strategie di informazione utilizzate dagli infermieri per fornire indicazioni sui cateteri venosi centrali a lungo termine per i pazienti in chemioterapia;

- Analisi dei dubbi dei pazienti sui cateteri venosi centrali a lungo termine.

^ GIUSTIFICAZIONE E RILEVANZA

Nel trattamento chemioterapico sistemico, l'impianto di un catetere venoso centrale può essere estremamente importante per creare una via di accesso permanente. È fondamentale che i pazienti comprendano l'importanza di questo dispositivo per il loro trattamento e che un'équipe preparata li accompagni e agisca direttamente con un'assistenza di qualità, rispondendo alle reali esigenze dei pazienti e delle loro famiglie ed evitando complicazioni nell'uso del catetere venoso centrale, Una presentazione multimediale permetterà di chiarire eventuali dubbi, portando maggiori garanzie di adesione e accettazione da parte del paziente e minore fragilità e stress durante il trattamento antineoplastico perché si sente più accolto e può contare su professionisti competenti, con l'obiettivo di prevenire le complicanze generate dalla manipolazione e dalla manutenzione del catetere venoso centrale completamente impiantato.

II - CONTESTO TEORICO

Nuove tecnologie dell'informazione e della comunicazione (NICT) nel mondo.

Gli studi sull'immagine nelle loro forme più varie, contenuti, film, video e fotografia, hanno contribuito notevolmente alla trasmissione di informazioni nei vari ambiti della conoscenza umana, sia come fonte documentaria, sia per la ricerca o come strumento di intervento sociale, politico e culturale. Questo strumento ha avvicinato aree di conoscenza più tecniche all'area sanitaria, in particolare a quella infermieristica, che si trova ad affrontare una varietà di clienti che hanno bisogno di assistenza e guida per mantenere la propria salute o per comprendere i processi di cura.

L'uso della tecnologia per facilitare la trasmissione di informazioni importanti si sta espandendo nel campo dell'assistenza infermieristica. L'informazione, come tecnica per inviare messaggi, si divide in tre gruppi: somatica, mediatica e digitale. L'informazione somatica "... implica la presenza effettiva, l'impegno, l'energia e la sensibilità del CORPO per la produzione di segni" (p. 51). (LEVY, 1994) L'autore lo esemplifica citando l'uso della parola, della danza, del canto o della musica strumentale.

Le tecnologie dei media, secondo Lévy (1994), possono essere considerate molari, cioè "... fissano e riproducono i messaggi per assicurarne una maggiore portata e una migliore diffusione nel tempo e nello spazio" (p. 51). Gli esempi citati dall'autore sono semafori, dipinti, gioielli e arazzi. Viene trasmessa ai media attraverso la riproduzione di segni e marchi come francobolli, stampi, monete, ecc. E la scrittura, come il disegno, è il "protomedia", cioè uno stadio precedente ai media. Per Lévy (1994), lo scopo dei media è riprodurre e trasportare messaggi. Tuttavia, egli sottolinea che, nonostante il suo grande potere retroattivo, "... i media classici non sono, a prima vista, una tecnica per generare segni. Si accontenta di fissare, riprodurre e trasportare un messaggio sonoro prodotto" (LÉVY 1994, p. 52).

Basandosi su Lévy (1994), Santiago (2010) afferma che l'informazione attraverso il linguaggio sonoro è più creativa e interattiva rispetto ai media in termini di ricchezza di possibilità di interazioni segniche tra comunicatori. Per il messaggio digitale, risultato delle Nuove Tecnologie dell'Informazione/Comunicazione, sarebbe ancora al di sopra dei media, perché "... è l'assoluto del montaggio, che riguarda i più piccoli frammenti del messaggio, una disponibilità indefinita e incessantemente riaperta per la combinazione, la mescolanza, il riordino dei segni...". (LÉVY, 1994, p. 53).

Per sviluppare questo messaggio, il veicolo principale per questo tipo di informazione è la tecnologia dell'informazione e/o l'informatica. È una tecnica creativa e generatrice di segni come la somatica stessa. L'informatica è una tecnica molecolare, dice Lévy (1994). Non è un semplice riproduttore e divulgatore di messaggi, come i media. Rende possibile non solo la creazione di segni, ma soprattutto modifiche così sottili da creare e determinare reazioni importanti tra i comunicatori e l'oggetto dei loro messaggi; in altre parole, "... il digitale autorizza la fabbricazione di messaggi, la loro modifica e persino l'interazione tra di essi, atomo di informazione per atomo di informazione, bit per bit" (LÉVY, 1994, p. 53).

Secondo Santiago (2010), lo sviluppo delle cosiddette Nuove Tecnologie dell'Informazione/Comunicazione, con la loro diffusione digitale, hanno fornito all'umanità una serie di possibilità di risorse, dal loro utilizzo nei vari campi della costruzione della conoscenza scientifica, alla loro applicazione in tutte le attività lavorative e, perché non dirlo, nella stessa industria dello spettacolo.

"Stiamo vivendo un franco e ampio processo di evoluzione dell'espressione tecnologico-digitale della comunicazione virtuale tra comunicanti sociali". (p.07). Questa espressione ha caratterizzato ciò che alcuni autori, tra cui Ganàscia (1993) e Lévy (2002), hanno definito "intelligenza artificiale" (SANTIAGO, 2010).

L'Intelligenza Artificiale fa parte della vita umana contemporanea, considerando il proprio miglioramento e con diverse applicazioni, come un artefatto tecnologico della cultura. Ganàscia (1993) afferma che "... la maggior parte delle competenze umane può essere formulata in termini logici e simulata su un computer" (p. 22).

"Questa è stata una realtà nella nostra vita quotidiana, in altre parole, stiamo sempre ricorrendo, in qualche modo, a una risorsa digitale artificiale che svolge compiti che vanno dall'estremo della banalità all'estremo della sofisticazione e della competenza nel soddisfare i nostri bisogni" (SANTIAGO, 2010, p. 07).

Ganàscia (1993) considera l'Intelligenza Artificiale come la "... scienza delle macchine...". (p. 25), che ha come essenza tecnologica "... una giustapposizione di domini di applicazione..." (p. 25), che, secondo l'autore, presenta un insieme di territori e possibilità da conquistare per l'uomo. Ancora più specificamente, l'autore afferma che "... l'intelligenza artificiale è un sotterfugio, un artificio progettato per dominare le macchine dando loro intelligenza" (GANASCIA, 1993, p. 27).

Non si tratta più di un semplice prodotto della capacità tecnologica dell'uomo, ma di un processo che è andato avanti nel tempo fino a raggiungere l'attuale dimensione "high-tech", che è arrivata ad avere un impatto sulla società nel suo complesso (SANTIAGO, 2010 p. 08).

Ganàscia (1993) illustra l'avvento della cosiddetta Intelligenza Artificiale nella nostra vita quotidiana indicando come prima realizzazione di questo processo la "macchina di Pascal (1623-1662)", che mirava, in modo semplice e meccanico, a eseguire operazioni matematiche di addizione

8

e sottrazione. Secondo Ganàscia (1993), Leibniz (1716-1846) ci ha presentato il modello di una macchina capace di "... ragionare..." (p. 28), cioè, secondo l'autore, una macchina "... capace di mettere insieme proposizioni elementari per fare deduzioni" (p. 28). Ganàscia (1993) prosegue con altri esempi fino a considerare l'evoluzione dell'intelligenza artificiale avvenuta nel XX secolo. Egli sottolinea che una tappa storica fondamentale fu individuata nell'incontro tra ingegneri elettronici, psicologi, cibernetici ed economisti al Darmouth College, durante un corso estivo, quando John Mac Carthy "... propose la creazione di una nuova disciplina che si sarebbe chiamata intelligenza artificiale e che avrebbe avuto lo scopo di riprodurre un comportamento intelligente con l'aiuto di una macchina" (GANASCIA, 1993, p. 44).

L'uso della tecnologia dell'informazione come branca dell'informatica ha subito un inesauribile processo di miglioramento, che ha portato a un'enorme gamma di usi e appropriazioni nella nostra vita. Dalla capacità di creare esteticamente note musicali alle fantastiche scoperte di nuovi teoremi matematici, dalla formulazione di nuovi modelli di gestione aziendale a sofisticate tecniche chirurgiche, sono molti i filoni e gli orizzonti di impiego dei computer. Il concetto stesso di funzionamento degli Stati contemporanei richiede che i loro agenti politici e pubblici siano ristrutturati e formati in reti informatiche.

A questo proposito, Lévy (2002) afferma che:

Le relazioni tra le persone, il lavoro e l'intelligenza stessa dipendono dall'incessante metamorfosi dei dispositivi informatici di ogni tipo. La scrittura, la lettura, la visione, l'udito, la creazione e l'apprendimento sono tutti catturati da tecnologie informatiche sempre più avanzate. Per l'autore, la ricerca scientifica non può più essere concepita senza un apparato complesso che ridistribuisca le vecchie divisioni tra esperienza e pratica. Alla fine del XX secolo, sta emergendo un tipo di conoscenza per simulazione che gli epistemologi devono ancora inventare (LÉVY, 2002, p. 7).

Reis et al. (2008) affermano che l'uso di nuovi metodi per migliorare il servizio infermieristico, insieme alla notevole quantità di informazioni nelle aree assistenziali e amministrative dell'assistenza infermieristica ospedaliera, ha avvalorato l'uso della tecnologia informatica.

La rivoluzione informatica ha contribuito all'espansione delle capacità mentali. Possiamo notare che i progressi tecnologici hanno creato cambiamenti in vari settori della vita moderna, dal momento che tutte le organizzazioni utilizzano una qualche forma di tecnologia per svolgere le loro operazioni e svolgere i loro compiti (REES, 1978).

Nell'area della salute, in particolare, le tecnologie biomediche e informatiche hanno influenzato in modo significativo la capacità di affrontare i principali problemi dell'assistenza sanitaria odierna (LOPES e COL., 2011).

L'informatizzazione, come modalità di gestione, amministrazione, organizzazione, classificazione, monitoraggio e ottenimento di informazioni rilevanti in tempo reale, ha reso dinamico e produttivo l'accesso agli indicatori infermieristici (SCHOUT e NOVAES, 2007).

Secondo Santos (2013), l'impressione sull'uso delle tecnologie informatiche nel settore sanitario è che sia in ritardo di dieci-quindici anni rispetto ad altri settori come quello bancario, industriale e aeronautico. Di conseguenza, come campo di studio, l'infermieristica si trova in una posizione sfavorevole rispetto all'uso dei sistemi informativi, dell'automazione e delle attrezzature tecnologiche (SANTOS, 2013).

L'autore riferisce che, data questa realtà, è importante considerare che la pratica infermieristica può raggiungere livelli di eccellenza attraverso l'uso di sistemi informativi. Questi sistemi dovrebbero essere parte integrante dell'assistenza infermieristica come strumento di supporto per ottenere dati e generare nuove informazioni e conoscenze (SANTOS, 2013).

Lopes e Col. (2011) sottolineano che nell'assistenza infermieristica si stanno affrontando nuove e complesse sfide per quanto riguarda l'implementazione e l'uso, la valutazione e lo sviluppo di queste nuove tecnologie. L'assistenza infermieristica attuale è supportata e migliorata dalle nuove conoscenze derivanti dalla tecnologia, ma non vi è alcun cambiamento nell'essenza di base della pratica infermieristica (LOPES e COL., 2011).

Évora (2005) sottolinea che il campo dell'informatica infermieristica sta guadagnando slancio perché è un'epoca in cui l'informazione è l'apertura per quanto riguarda i benefici che porta.

Ciò evidenzia la necessità che gli operatori sanitari siano consapevoli dell'impatto di questa nuova evoluzione tecnologica sulla società e, di conseguenza, dei risultati ottenuti dagli operatori infermieristici nell'uso della tecnologia, a beneficio del paziente, della riduzione dei costi e della razionalizzazione del lavoro (VIDAL et al., 2002).

^ Computer in Infermieristica

Sulla base delle proposizioni delineate da Santiago (2010), Ganàscia (1993) e Lévy (2002). Riflettiamo sul fatto che la correlazione tra l'infermieristica e il computer è una pratica sociale di lavoro delineata da una combinazione di conoscenze alimentata da presupposti scientifico-tecnologici.

Évora (1998) afferma che la tecnologia dell'informazione porta benefici ai clienti perché consente agli infermieri di essere più disponibili per l'assistenza, liberandoli dal processo burocratico di assistenza che finisce per allontanarli dalle cure. Dal punto di vista dell'autrice, l'uso del computer per la pianificazione delle informazioni implica quattro presupposti: 1"... la velocità con cui si possono ottenere le informazioni; 2 la facilità di accesso alle informazioni; 3 la disponibilità di nuove informazioni e 4 la convenienza delle informazioni" (ÉVORA, 1998 p. 17). L'autore sottolinea che ciò è possibile attraverso il concetto di Sistemi Informativi Infermieristici. Basandosi su Saba e McCornick, Évora (1998) afferma che questi sistemi "... utilizzano il computer per elaborare i dati in informazioni e supportare i tipi di attività o funzioni infermieristiche" (p. 17).

L'autrice traccia anche un ragionamento parallelo basato su una presentazione cronologica dell'evoluzione dell'uso dei computer nel settore sanitario, in particolare negli ospedali, evidenziandone l'introduzione negli anni '60 negli Stati Uniti. Ricorda inoltre che i computer erano di grandi dimensioni, "... utilizzati fondamentalmente per lo sviluppo di funzioni amministrative quali: fatturazione, pagamenti, contabilità e statistiche fiscali" (ÉVORA, 1998 p. 24). In questo periodo, secondo l'autrice, il loro uso da parte degli infermieri era molto poco osservato.

Queste affermazioni sono confermate da Évora, Hannah et al. (2009) che affermano che: "... La professione infermieristica riconosce il potenziale delle tecnologie informatiche per migliorare la pratica e la qualità dell'assistenza ai pazienti. Stanno emergendo nuovi ruoli per gli infermieri: 1- L'informatica come specialità infermieristica (riconosciuta dall'ANA - (American Nurses Association) nel 2001); 2- Gli ospedali e le altre organizzazioni assumono infermieri specializzati e consulenti di informatica infermieristica per aiutare a progettare e implementare i sistemi informativi; 3- Gli educatori infermieristici utilizzano i sistemi informativi per gestire gli ambienti di insegnamento; 4- I sistemi informativi computerizzati vengono utilizzati per insegnare, valutare e identificare aree problematiche specifiche degli studenti, nonché per ottenere dati sulle modalità di apprendimento degli studenti, elaborare dati per la ricerca e fornire risorse per la formazione continua; 5- L'uso di sistemi computerizzati da parte dei ricercatori infermieri" (HANNAH e COL., 2009, p.21).

Évora (1998) prosegue analizzando che, alla fine degli anni '60 e all'inizio degli anni '70, il miglioramento e la padronanza della tecnologia informatica hanno permesso l'uso personale dei computer, compresa la riduzione delle loro dimensioni. Évora (1998) afferma che questo ha facilitato enormemente l'espansione dell'uso dei sistemi informativi all'interno degli ospedali, con ripercussioni nell'area clinica, nella comunicazione e nell'archiviazione dei dati sui clienti. Di conseguenza, gli infermieri hanno iniziato a riconoscere l'importanza dei computer nel loro lavoro quotidiano, migliorando sostanzialmente la loro pratica.

Tuttavia, l'autrice sottolinea che c'era molta resistenza all'uso del computer nell'assistenza infermieristica, indicando studi che parlano di una scarsa accettazione dei vantaggi offerti dall'uso del computer nell'assistenza infermieristica all'epoca. Évora (1998) ha dedotto che questa resistenza era probabilmente dovuta a una serie di conseguenze, sostenute principalmente da "... un'esperienza inadeguata e dalla mancanza di conoscenza e di esposizione al computer" (p. 24).

Uno studio condotto negli anni '70 dalla FEDERAZIONE INTERNAZIONALE PER IL PROCESSO INFORMATICO, discusso da Anderson nel 1992, ha evidenziato la necessità per gli infermieri di acquisire conoscenze sull'uso e l'utilizzo delle tecnologie informatiche.

Analizzando questo tema negli anni '80, Évora (1998) ha riscontrato che è stato fondamentale, c'è stato un aumento nello sviluppo di sistemi informativi ospedalieri integrati, attraverso "... moduli mirati alle attività infermieristiche" (p. 25).

In particolare negli Stati Uniti è stato introdotto il concetto di Nursing Information Systems, secondo Évora (1998) che cita Kiley et al. L'autrice sottolinea che, sebbene le prime esperienze di utilizzo del computer da parte dell'infermieristica brasiliana siano avvenute intorno alla metà degli anni '80, il suo uso era ancora timido rispetto ad altri professionisti. L'autrice sottolinea inoltre che attualmente sono stati fatti alcuni progressi isolati nei centri ospedalieri, cercando di non perdere di vista l'assistenza umanizzata, una minaccia che potrebbe alimentare resistenze e/o pregiudizi all'interno dell'infermieristica stessa.

L'uso delle nuove tecnologie da parte dell'assistenza infermieristica, nei suoi diversi ambiti, è affrontato da Mendes et al. (2000), che affrontano questo tema dalla prospettiva della comunicazione infermieristica, sottolineando l'esistenza di una tendenza e di alcune sfide che gli infermieri dovranno affrontare nel XXI secolo.

Mendes et al. (2000) ribadiscono le loro preposizioni citando:

"Le crescenti innovazioni tecnologiche, lo sviluppo di nuovi mezzi di convivenza sociale, le comunicazioni istantanee o in tempo reale, la velocità dei trasporti, il continuo superamento delle frontiere della conoscenza scientifica, il consolidamento del terzo settore, sono cambiamenti che, nelle parole di Srouer, stanno ridisegnando sensibilmente gli spazi sociali" (MENDES e COL., p. 217).

Mendes et al. (2000) affermano che "... con la tecnologia già disponibile, gli investimenti in infrastrutture e strumenti condivisi porteranno non solo a una notevole riduzione dei costi, ma anche a una migliore assistenza per tutti i pazienti" (p. 220). Secondo gli autori, tuttavia, queste innovazioni porteranno con sé alcune importanti implicazioni che devono essere considerate, anche prima di sceglierle come essenza dell'assistenza infermieristica. In nessun caso la tecnologia deve essere vista come un sostituto del professionista, ma piuttosto come uno strumento prezioso per aiutare a pianificare azioni infermieristiche specifiche e generali, in base alle circostanze, ai contesti e alle singolarità di ogni situazione, di ogni cliente, o anche di quelle che riguardano le attività di insegnamento, ricerca e gestione.

Sui possibili effetti dei benefici derivanti dalla padronanza, dall'incorporazione e dall'applicazione

12

delle tecnologie informatiche da parte degli infermieri, Mendes et al. (2000) sono affermativi nel delimitare due gruppi esposti alla domanda di utilizzo delle Nuove Tecnologie dell'Informazione/Comunicazione: "? a) da un lato, i pazienti preparati che chiedono più informazioni e più investimenti nella propria salute e; b) dall'altro, i professionisti della salute esperti di Internet che utilizzano nuovi strumenti per offrire un'assistenza più qualificata" (MENDES e COL, p. 220).

È quindi fondamentale che l'infermiere sia preparato e formato ad affrontare questa sfida, cercando, fin dal processo di laurea, di inserire una serie di strategie didattico-pedagogiche che vadano in questa direzione. Il computer si è già inserito definitivamente nel mondo delle relazioni di lavoro contemporanee. La tecnologia informatica sta diventando sempre più importante per tutti noi. Si tratta di un processo irreversibile in cui l'alleanza tra conoscenza tecnologica e pratica professionale richiede persone disposte a raccogliere questa sfida, tra cui gli infermieri.

Con l'avvento delle tecnologie informatiche, esistono nuove possibilità di creazione collettiva, apprendimento cooperativo e collaborazione in rete, che hanno portato a una messa in discussione del processo di lavoro nelle istituzioni, sia nelle aziende che nelle scuole (LEVY, 1994).

Bastos e Guimaraes (2003) sottolineano che l'insegnamento mediato dal computer utilizza *Internet* per memorizzare, recuperare e organizzare le informazioni, nonché per monitorare i progressi e il lavoro degli studenti, consentendo una maggiore flessibilità, creatività, dinamismo, interazione e comunicazione nel processo educativo anche nel campo dell'infermieristica.

Christiane et al. (2004) affermano che queste tecnologie stanno guidando l'apprendimento a distanza e sono un modo per promuovere la formazione continua dei professionisti della salute. Di fronte all'accelerazione dello sviluppo tecnologico e alla velocità con cui diventa obsoleto.

Nell'ambito dell'assistenza infermieristica, l'informatica è stata oggetto di numerose indagini e studi nazionali e internazionali che cercano di identificare e descrivere le competenze relative all'uso del computer da parte degli infermieri, di definire i contenuti da insegnare e di valutare le discipline informatiche nell'assistenza infermieristica. Lo scopo fondamentale di quest'area si riferisce all'uso delle tecnologie informatiche nell'assistenza infermieristica (PERES e COL., 2001).

Lo sviluppo delle tecnologie informatiche ha portato alla necessità di utilizzare i computer in diverse attività umane, comprese quelle scolastiche (PEREZ e COL., 2007).

I computer contribuiscono a migliorare l'istruzione e la qualità degli insegnanti e degli amministratori delle istituzioni sanitarie (VIDAL e COL., 2002).

L'incorporazione di nuove risorse tecnologiche nella formazione dei professionisti è diventata una sfida importante per l'infermieristica brasiliana, e queste risorse sono state poco esplorate dalle scuole per infermieri (MARQUES e MARIN, 2004).

Marin (1998) sostiene quindi la creazione di un corso di informatica infermieristica volto a sviluppare competenze e abilità nell'informatica infermieristica per comprendere l'applicazione delle sue risorse nella pratica professionale e non solo per essere istruiti sulle abilità informatiche di base.

Luis et al. (1995) difendono l'idea che, affinché vi sia una comprensione dell'uso delle risorse informatiche nella pratica infermieristica, è necessario che l'insegnamento dell'informatica promuova l'interdisciplinarità, definendo una rete di relazioni tra le varie discipline del corso di laurea, che quindi non si svolge in una disciplina isolata.

Pertanto, la materia dell'informatica in infermieristica non dovrebbe concentrarsi solo sulla formazione informatica di base (editor di testo, presentazioni, *chat,* forum, ecc.), ma dovrebbe consentire agli studenti di visualizzare le potenzialità e i limiti dell'uso di queste risorse nella loro pratica professionale (PERES e COL., 2007).

Gli autori sopra citati concludono che l'insegnamento mediato dal computer nel campo dell'infermieristica è una sfida da vincere, che richiede un cambiamento nell'atteggiamento degli studenti e degli insegnanti nei confronti del processo educativo.

^ Educazione alla salute e tecnologie didattiche

L'innovazione tecnologica e i computer stanno cambiando costantemente le attività della società moderna (FONSECA et al 2009).

I sistemi informatici utilizzati per l'insegnamento sono noti come CAI (Computer Assisted Instruction). L'obiettivo principale di questi sistemi è trasmettere informazioni su un determinato argomento (ZEM-MASCARENHAS; CASSIAN, 2001).

L'educazione sanitaria si basa su innumerevoli risorse tecnologiche e, in seguito all'evoluzione delle telecomunicazioni, gli operatori sanitari e i pazienti possono ora accedere rapidamente a un'infinita quantità di informazioni. Questo mezzo di accesso serve agli infermieri per affrontare le questioni relative alla promozione della salute, alla prevenzione delle malattie e all'acquisizione di informazioni e interventi infermieristici (HANNAH et al 2009).

Nei primi decenni del XX secolo sono emerse tecnologie specializzate e innovazioni nel campo dell'informatizzazione, che hanno facilitato la diffusione delle informazioni (CECAGNO; SIQUEIRA; CEZAR VAZ, 2005). I cambiamenti tecnologici e gli sviluppi della ricerca sono diventati obsoleti, poiché viviamo in un mondo di innovazioni rapide e costanti (ZEM-MASCARENHAS, 2002; ZEM-MASCARENHAS; CASSIANI, 2001). L'istruzione assistita dal computer può aiutare gli utenti ad arricchire la loro capacità di scambiare informazioni con il computer, preparandoli al loro futuro ruolo in una società tecnologica.

In uno studio di Nietsche, la tecnologia educativa viene definita come: "Un corpo di conoscenze arricchito dall'azione dell'uomo, non solo la costruzione e l'uso di artefatti o attrezzature. Il processo tecnologico implica il saper usare la conoscenza e le attrezzature in tutte le situazioni quotidiane, siano esse critiche, di routine o meno" (PERES, et al, 2001).

Questo concetto dimostra che la tecnologia applicata all'educazione dovrebbe essere possibile dalla fase di pianificazione al monitoraggio del sistema educativo, con l'obiettivo di rendere possibile un insieme sistematico di conoscenze. L'informatica nell'assistenza infermieristica è diventata un accessorio indispensabile, che non si limita a utilizzare il computer come luogo di archiviazione dei dati, ma lo utilizza come facilitatore del processo di insegnamento-apprendimento sia per i professionisti che per i clienti coinvolti in questo processo (PERES, et al, 2001).

La risorsa audiovisiva può fornire una migliore comprensione delle informazioni offerte e può anche essere utilizzata per ridurre il tempo impiegato dalla persona che la utilizza. (PAULA & CARVALHO, 1997, p36).

In questo modo, l'uso di una risorsa audiovisiva può essere una strategia importante per orientare ed educare i pazienti.

Un cambiamento qualitativo nel processo di insegnamento/apprendimento si verifica quando è possibile integrare tecnologie come quelle telematiche, audiovisive, testuali, orali, musicali, ludiche e corporee. Il video esplora il vedere e il visualizzare. Sviluppa la visione con fette multiple di realtà attraverso ritmi visivi con immagini situate nel presente, interconnesse con il passato e il futuro. Il vedere è legato al parlare, al narrare o al raccontare storie. La narrazione parlata è alla base del processo di significato (MORAN, 2000).

Questo ci ricorda l'importanza di questa risorsa nell'informazione sanitaria. Si ipotizza che lo sviluppo di nuovi programmi didattici alleati alla tecnologia educativa, utilizzati da educatori e studenti, possa collaborare all'uso di queste risorse, sfruttando i vantaggi offerti per migliorare l'insegnamento dell'infermieristica e l'educazione alla salute.

^ Uso del catetere venoso centrale

I primi esperimenti di cateterizzazione di una vena centrale iniziarono nel 1929, quando Forssmann inserì un tubo sterile in una vena del braccio e descrisse i vantaggi di questo metodo. Nel 1952, Aubaniac eseguì il primo cateterismo venoso della vena succlavia e seguirono numerose altre procedure, come l'avvento della nutrizione parenterale. Dal 1968 l'uso del cateterismo venoso centrale è aumentato notevolmente, diventando una procedura clinica con migliori opzioni terapeutiche (BASILE, FILHO, 1998). Questa pratica ha aiutato molto il lavoro degli infermieri.

Nel 1983 è stato commercializzato il catetere venoso centrale totalmente impiantato (TI CVC), che consente l'accesso al sistema vascolare centrale senza un catetere esterno alla pelle. Questo tipo di catetere era inizialmente destinato esclusivamente ai pazienti sottoposti a trattamento oncologico che necessitavano di accessi venosi frequenti e intermittenti (PHILLIPS, 2001). Attualmente, questo catetere è ancora indicato esclusivamente per i pazienti sottoposti a chemioterapia.

I cateteri venosi completamente impiantati non presentano parti esterne dopo l'installazione.

Il dispositivo è costituito da due parti principali: il corpo di accesso, la cui camera può essere in acciaio inossidabile o titanio, con una parte centrale coperta da un diaframma sigillante in silicone, che può ricevere da 1.000 a 2.000 punture e ha un diametro di 2 o 3 cm, e la seconda parte è il catetere radiopaco in silicone, poliuretano o teflon (PHILLIPS, 2001). Attualmente esiste una gamma di dispositivi e materiali diversi sul mercato.

Per attivare il catetere, è necessario un ago specifico con uno *smusso* appropriato che consenta la penetrazione e la rimozione senza danneggiare il diaframma. L'ago appropriato è del tipo *Huber* o *Cytocan*, disponibili in varie misure (INCA, 2008). L'uso di un ago non conforme a questi standard può danneggiare il catetere.

Trattandosi di un tipo di catetere a durata indefinita, è indicato per il trattamento con farmaci chemioterapici e può essere utilizzato per l'infusione di altri farmaci (PERCIVAL, SL, 2005). L'assenza di condizioni cliniche del paziente, come trombocitopenia, basso *Performance Status* (*PS*) e compromissione di uno o più organi nobili, sono fattori che ne sconsigliano l'impianto, poiché per impiantarlo è necessaria una piccola procedura chirurgica e la manutenzione e la manipolazione richiedono l'uso di un ago, che aumenta il rischio di emorragia e persino di sviluppo di trombosi venosa. Lo stesso vale per la prevenzione delle infezioni da batteri e funghi.

III - FONDAMENTO TEORICO-METODOLOGICO

Il disegno dello studio

Il metodo: si tratta di uno studio osservazionale qualitativo in cui sono state monitorate 20 (venti) consultazioni infermieristiche per i pazienti prima di iniziare la chemioterapia.

Il tipo di studio: ricerca a intervento, con analisi qualitativa secondo il riferimento di Bardin, J. (2002), per l'analisi del contenuto, con il risultato finale di una produzione tecnologica multimediale, caratterizzata dallo sviluppo di una risorsa educativa multimediale per l'orientamento su come si presenta un catetere venoso a lungo termine.

Ricerca di intervento che mira a trovare una soluzione immediata a un problema esistente. Cambiare una situazione problematica attraverso una pianificazione sistematica è l'obiettivo finale di questo tipo di ricerca, che in questo caso è quello di poter rispondere alle domande del paziente e fornire indicazioni sull'uso di un catetere venoso permanente per garantire l'accesso venoso per il trattamento chemioterapico (POLIT; BECK; HUNGLER, 2004).

Ricerca relativa allo sviluppo di prodotti e processi in funzione delle esigenze o delle soluzioni a problemi di interesse per la società (APPOLINARIO, F, 2006; GONÇALVES, 2010).

Tecniche di raccolta dei dati:

Nel periodo aprile-maggio 2014, sono state monitorate 20 consultazioni infermieristiche in un ambulatorio esclusivo di chemioterapia. Le consultazioni con i pazienti che dovevano essere sottoposti all'inserimento di un catetere venoso centrale per iniziare il trattamento chemioterapico sono state effettuate osservando le risorse informative utilizzate dall'operatore infermieristico per trasmettere i messaggi e le domande poste apertamente dal paziente al momento dell'informazione ricevuta.

Osservazione diretta - è stato utilizzato un diario di campo (Appendice -1), che ha mostrato quali risorse gli infermieri utilizzano per informare i pazienti della necessità di posizionare un catetere venoso centrale.

Interviste a risposta aperta - basate sull'analisi dei discorsi dei pazienti che hanno accettato di partecipare allo studio e hanno firmato un modulo di consenso informato per domande e dubbi, che sono stati intervistati con domande a risposta aperta (Appendice 2) riguardo ai loro principali dubbi sul catetere.

Elaborazione dei dati: Analisi costruita con la modalità dell'analisi del discorso. Le domande aperte, riportate nella Tabella I, sono state classificate per analogia dei discorsi e la conseguente costruzione delle categorie/idee nucleari emerse dal processo di categorizzazione delle osservazioni

17

sul campo e dei discorsi dei pazienti.

Secondo la definizione di Bardin (1988),

"L'analisi dei contenuti è un insieme di tecniche di analisi delle comunicazioni. Non si tratta di uno strumento, ma di una serie di strumenti; o, più propriamente, sarà un unico strumento, ma caratterizzato da una grande varietà di forme e adattabile a un campo di applicazione molto ampio: la comunicazione" (p. 31).

In questa Analisi del Contenuto, le informazioni provenienti dai discorsi e dai discorsi dei soggetti precedentemente indagati sui loro dubbi riguardo al catetere sono state trattate in modo tale da creare un nucleo di idee correlate che puntano a una categorizzazione dei temi. Bardin (1988) si riferisce alla categorizzazione:

"La categorizzazione è un'operazione di classificazione degli elementi costitutivi di un insieme, differenziandoli e poi raggruppandoli in base al genere (analogia), utilizzando criteri precedentemente definiti. Le categorie sono titoli o classi che riuniscono un gruppo di elementi (unità di registrazione, nel caso dell'analisi del contenuto) sotto un titolo generico, un raggruppamento fatto sulla base delle caratteristiche di questi elementi...".

(p. 117).

Secondo Bardin (1988), l'analisi del contenuto mira a comprendere ciò che è contenuto nel discorso, in altre parole il significato del discorso dei soggetti. Ciò che è "implicito" e/o nascosto nel discorso, cercando di decodificarlo in unità di comprensione e successive categorie e nuclei di idee tematiche.

Bardin (1988) evidenzia tre fasi importanti che il ricercatore deve rispettare nel processo di definizione delle categorie e delle loro possibili analisi:

1 - Pre-analisi; 2 - Esplorazione del materiale e; 3 - Trattamento e interpretazione dei risultati. Seguono le fasi di riferimento:

Nella prima fase, il materiale di partenza è stato analizzato in modo esaustivo. L'intero contenuto del diario di campo e le domande poste dai pazienti.

Il contenuto è stato quindi estratto mantenendo la coerenza con l'argomento e le categorie rappresentate. Non c'è stato rigore nella valutazione della fonte, perché si è voluto familiarizzare con i possibili dettagli allegati ai discorsi e/o ai documenti. Le fasi sono state le seguenti.

1.   Regola dell'esaustività, ovvero la ricerca di tutti gli elementi della fonte analizzata;

2.   Regola della rappresentatività, ovvero un campione significativo per ottenere i discorsi selezionati dalla fonte ricercata;

3. La regola dell'omogeneità, che dovrebbe essere costituita dalle caratteristiche comuni presenti nella fonte, dallo stesso soggetto e dalla..;

4. La regola della rilevanza è che la fonte deve essere strettamente correlata all'argomento oggetto della ricerca.

Queste quattro regole di base indicate da Bardin (1988) hanno costituito la base per l'intera fase di pre-analisi dei questionari applicati ai soggetti. Per quanto riguarda la seconda fase illustrata da Bardin (1988), l'esplorazione dei discorsi è avvenuta attraverso la strutturazione di due strategie chiamate: inventario delle unità di registrazioni e di contesto (significato) e; classificazione per analogia, in altre parole, la separazione di queste unità di registrazioni e di contesto, al fine di ottenere l'organizzazione dei messaggi per la successiva analisi e discussione. Secondo Bardin (1988), nell'inventario delle unità, gli elementi del discorso vengono isolati e, nella classificazione per analogia, gli elementi vengono scomposti, imponendo un'organizzazione ai messaggi.

Per quanto riguarda la terza e ultima fase, il trattamento e l'interpretazione dei risultati, le unità emerse dai discorsi sono state raggruppate, grazie alla creazione di tabelle/inventari indicanti tali unità che hanno permesso di evidenziare le categorie tematiche, con i propri nuclei.

Dopo questa indagine, i dati sono stati analizzati qualitativamente utilizzando il framework di Bardan e, dopo la categorizzazione, è stato creato uno script per lo sviluppo di un multimedia con i professionisti del marketing per soddisfare le aspettative evidenziate dai pazienti sul catetere, da presentare durante la consultazione infermieristica, facilitando l'approccio dell'infermiere al tema dei cateteri venosi centrali.

Questioni etiche: I pazienti che hanno partecipato a una consultazione infermieristica presso un ambulatorio di chemioterapia in un istituto privato di Rio de Janeiro hanno partecipato a questo studio, con il criterio di inclusione di essere indicati per il posizionamento di un catetere venoso centrale completamente impiantato. Dopo essere stati informati dello scopo della ricerca, hanno accettato di partecipare allo studio firmando un modulo di consenso informato (Appendice -3).

Questa ricerca è stata avviata dopo l'approvazione del Comitato Etico di Ricerca dell'Università Federale dello Stato di Rio de Janeiro (UNIRIO), come da relazione allegata.

IV- RISULTATI

Pre-analisi:

Lettura esaustiva del diario di campo e dei discorsi dei pazienti (tratti dalle interviste aperte), identificando le parole chiave e le domande comuni poste dai pazienti.

Analisi del diario di campo:

Il diario di campo ha mostrato la metodologia informativa utilizzata dalle infermiere per trasmettere il messaggio.

Le tecniche informative presentate dagli infermieri per indicare il posizionamento del catetere si basavano sull'identificazione del trattamento proposto per il paziente, sulla quantificazione della quantità di infusione e delle caratteristiche chimiche dei farmaci da infondere e sulle condizioni dell'accesso venoso del paziente.

Gli infermieri avevano a disposizione un modello di simulatore del catetere, una risorsa visiva del materiale utilizzato per la procedura e il catetere stesso. Dopo la dimostrazione pratica del modello, i pazienti hanno posto delle domande.

I dubbi e le domande sollevate sono stati registrati al fine di redigere il copione.

- **Totale consultazioni** 20

- **Materiale didattico utilizzato dall'infermiere;** catetere e manichino dimostrativo.

- **Infermieri specializzati osservati:** 03 sono gli infermieri che effettuano consulenze infermieristiche nell'istituto.

Discorsi **degli infermieri:**

Gli infermieri hanno seguito uno schema per valutare il paziente e presentare la proposta di posizionamento del catetere:

"Il catetere è un dispositivo, (dimostrazione pratica visiva con modello e dispositivo), che si trova nella vena e la parte di puntura è sotto la pelle, un ago appropriato (dimostrazione pratica) entra nella camera di puntura del catetere che è fatto di silicone, l'intera procedura è sterile. L'infermiera separa tutto il materiale sterile e indossa una maschera e un cappuccio prima di pungere il catetere".

Tabella I - Inventario delle domande dei pazienti. 2015

Inventario dei dubbi del paziente	*fi*	%
Il catetere entra in vena?	18	90

Il catetere rimane nella vena?	16	80
Si può ostruire la vena?	5	20
Di che materiale è fatto il catetere?	2	10
Il catetere entra direttamente in vena	14	70
Fa male inserire il catetere?	18	90
Fa male inserire l'ago nel catetere?	10	50
Quanto è sottile o spesso l'ago?	8	40
Devo fare l'anestesia?	8	40
Che tipo di anestesia?	8	40
Deve essere ricoverato in ospedale?	14	70
Ci si può bagnare nella doccia?	18	90
Si muove affatto?	10	50
Com'è il condimento?	8	40
Se vado in ospedale, possono usarlo?	8	40
Com'è dormire?	8	40
Posso condurre una vita normale	8	40
È stato tralasciato qualcosa?	8	40
NUMERO TOTALE DI DOMANDE	**200**	**100**

La frequenza e la ripetizione dei dubbi relativi alla richiesta di catetere erano elevate.

Tabella II - Categorizzazione dell'inventario dei dubbi dei pazienti 2015

Categorie	Sottocategorie	Unità tematiche	*fi*	*%*
Che cos'è un catetere?	Presentazione del materiale	Il catetere	39	19
Dove si trova il catetere?	In vena, fermarsi, intasare/	La posizione	*22*	11
È doloroso?	Fa male inserire o forare?	Il dolore	*66*	33

21

Quali sono le precauzioni? E il bagno? E per dormire?	Cosa devo fare a casa?	Cura	74	37
Totale domande			*200*	100

Dopo aver determinato la frequenza delle domande per categoria, è stato riunito un gruppo di tre infermieri specializzati in infermieristica oncologica per elaborare le risposte. Le risposte sono state tratte dalla letteratura scientifica di riferimento.

Tabella III Risposte alle domande e quadro teorico. 2015

Unità tematiche	Risposte	Riferimento
Il catetere e la sua posizione	Durante la chemioterapia, le vene perdono progressivamente la capacità di ricevere i farmaci e diventano più difficili da perforare. Il medico curante può suggerire l'impianto di un catetere completamente impiantabile. Un dispositivo sicuro che facilita l'infusione venosa agevolando l'ingresso del farmaco in vena.	NS302 Ingran P Lavery I (2005) Terapia endovenosa periferica: rischi chiave e implicazioni per la pratica. Quadro infermieristico 19, 46, 5564
Il dolore	Non fa male inserire il catetere perché c'è l'anestesia. La decisione sul tipo di anestesia viene presa dal chirurgo e dal paziente e non è necessario il ricovero in ospedale. La puntura fa male, ma è solo una piccola puntura con l'ago di un catetere.	www.venousdigest.com
Cura	Essendo inserito internamente, il dispositivo non è visibile, c'è solo una piccola sporgenza, quindi non c'è bisogno di medicazioni, il che significa che il paziente non deve fare molta attenzione a	il Fino ad oggi.com

muoversi. Se non viene utilizzato, è possibile fare la doccia e dormire normalmente.

La procedura viene eseguita da un professionista qualificato che utilizza materiale sterile e un ago adatto all'accesso. Al di fuori del trattamento, è necessario effettuare una manutenzione mensile.

Le risposte sono state oggettive e classificate in base all'unità tematica.

Tabella di marcia

I risultati sono stati trasmessi a professionisti dei media specializzati che hanno redatto la seguente sceneggiatura per il video. **Lavoro:** catetere venoso completamente impiantabile (Port-a-Cath®)**Data:** 29 luglio 2014 - 6'

Tempo	Audio	Video
1'	Percorso di ricerca	Animazione: Catetere venoso completamente impiantabile
	Loc masc OFF : Durante la chemioterapia, le vene perdono progressivamente la capacità di ricevere i farmaci e diventano più difficili da perforare.	Effetto di passaggio
	Loc masc OFF : di fronte a questo scenario, il medico curante può suggerire di impiantare completamente il catetere.	Scritte animate: vene periferiche
	impiantabile. Questo dispositivo è estremamente sicuro e facilita l'infusione venosa.	Scrittura animata: Schieramento
	Loc masc OFF : Inserimento del catetere	Scenario: Ospedale - area di cura
	si effettua con un'anestesia locale in un piccolo intervento che dura da 30 minuti a un'ora. In questa procedura	Il dialogo avviene tra paziente e
	chirurgicamente, il dispositivo viene inserito sotto la pelle nella regione toracica, rendendolo molto piccolo.	l'infermiere
	visibile.	Effetto di passaggio
	Paziente: Fa male inserire il catetere?	Effetto di passaggio
	Infermiera: Non fa male inserire il catetere perché c'è un anestetico.	Scenario: Ospedale - area di cura
	Animazione: Catetere venoso completamente impiantabile	
	Effetto lettering animato: Vene	Il dialogo avviene tra paziente e infermiere
2'	periferico	Lettere animate: informazioni generali

	Scrittura animata: Schieramento	
	Scenario: Ospedale - area	
	Assistenza	Scenario: Ospedale - area di cura
	(E) Dopo il posizionamento, il farmaco passa direttamente attraverso il catetere nella vena.	
	(E) La decisione sul tipo di anestesia spetta al chirurgo e al paziente e non è necessario il ricovero in ospedale.	Il dialogo avviene tra paziente e infermiere Lettere animate: comfort e mobilità
	(D) Fa male inserire l'ago?	Illustrazioni
	(E) Fa male, ma è solo una piccola puntura con l'ago del catetere.	Illustrazioni
	(D) Se vado in ospedale, possono usare il mio catetere?	Illustrazioni
2'	*(E)* Se ci sono professionisti formati e	
	proprio ago, sì.	
	(E) Poiché è inserito internamente, il.	Effetto di passaggio
	Il dispositivo non è visibile, c'è solo una piccola sporgenza, che elimina la necessità di bendaggi e non richiede al paziente di fare molta attenzione quando si muove.	Illustrazioni Splash: Discorso tecnico
	(D) Posso condurre una vita normale?	Effetto di passaggio
1	*(E)* Sì, è possibile. Se non si buca l'ago, non si vedrà nulla.	

05/08/2014 - Il gruppo di specialisti in infermieristica oncologica si è riunito per leggere e correggere il copione, quando ha modificato la sequenza della presentazione e ha aggiunto informazioni tecniche sul catetere e sui periodi di manutenzione alla fine del copione.

Il team di supporto alla progettazione e all'animazione ha soddisfatto le richieste e poi ha prodotto lo Story board, che sarebbe stato l'anteprima per i media.

Story Board

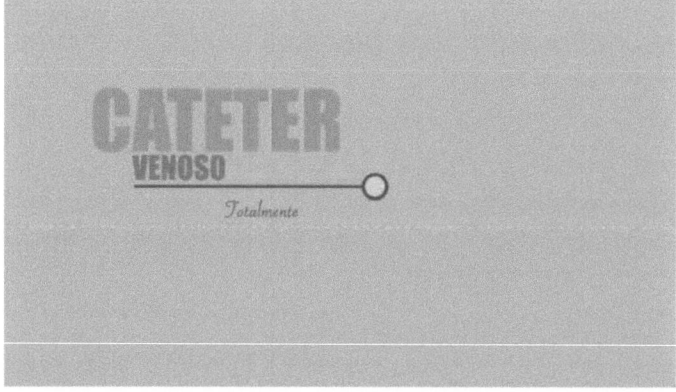

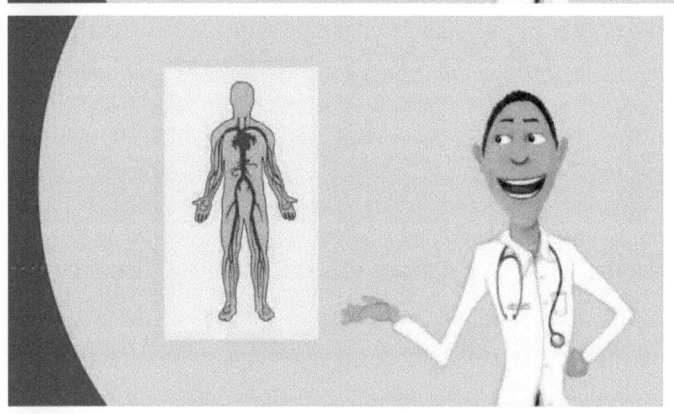

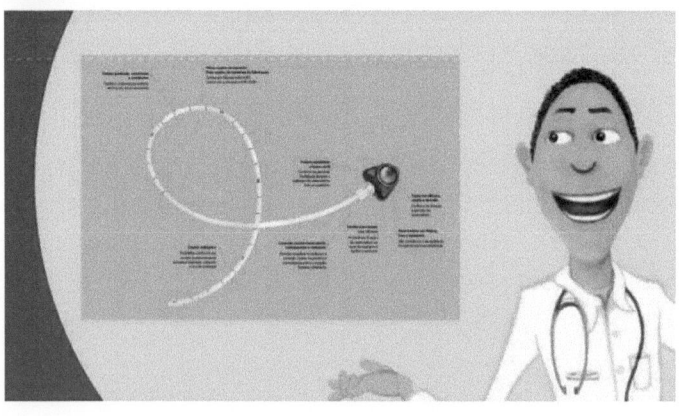

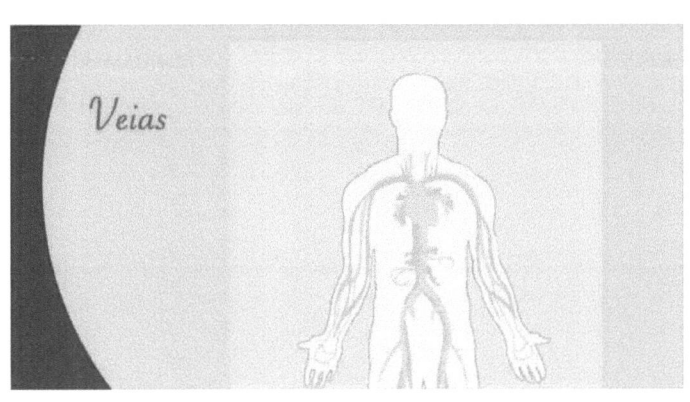

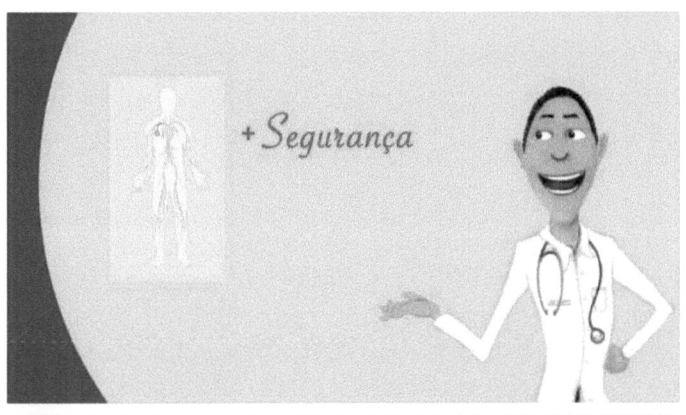

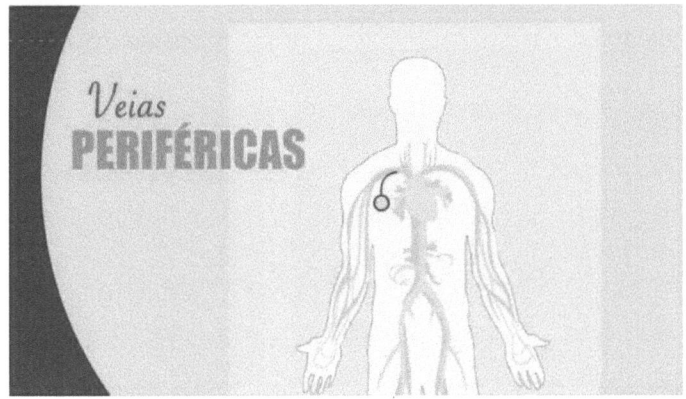

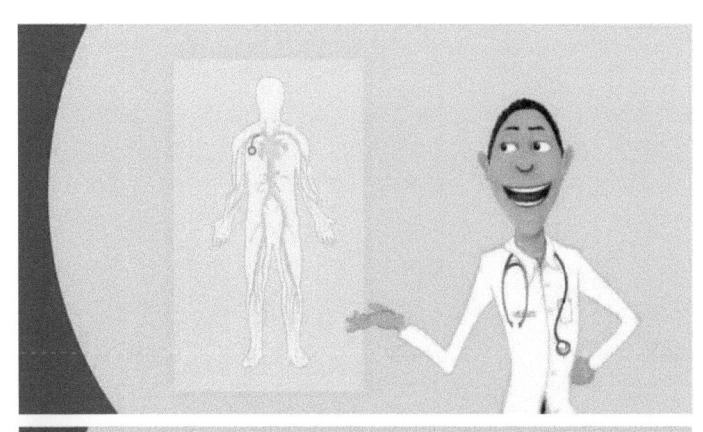

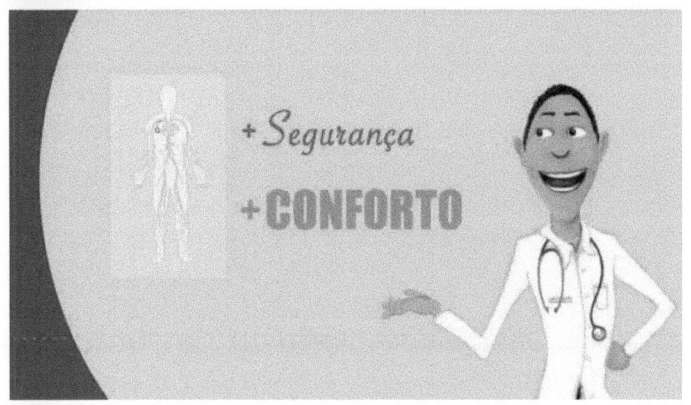

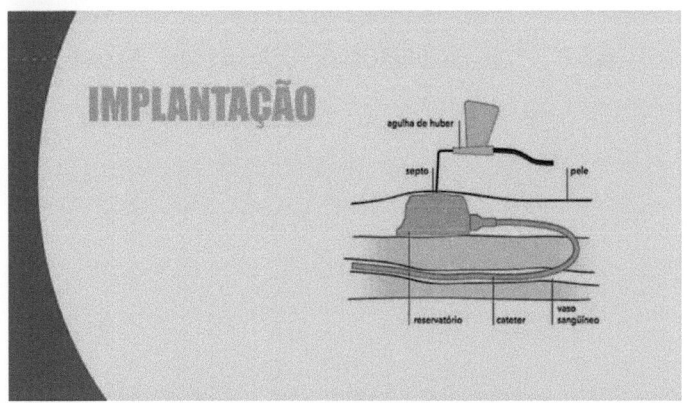

ANESTESIA

Tipo de ANESTESIA

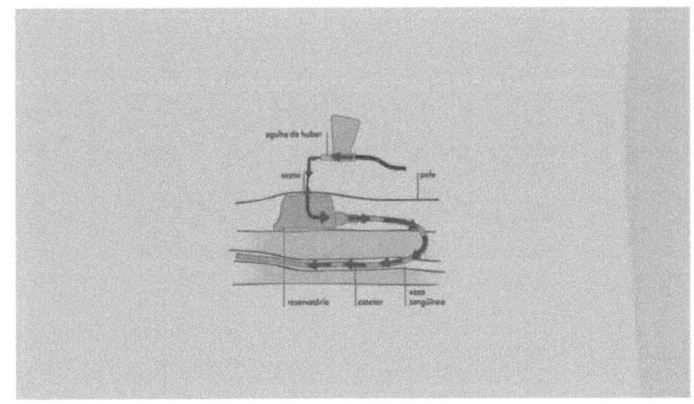

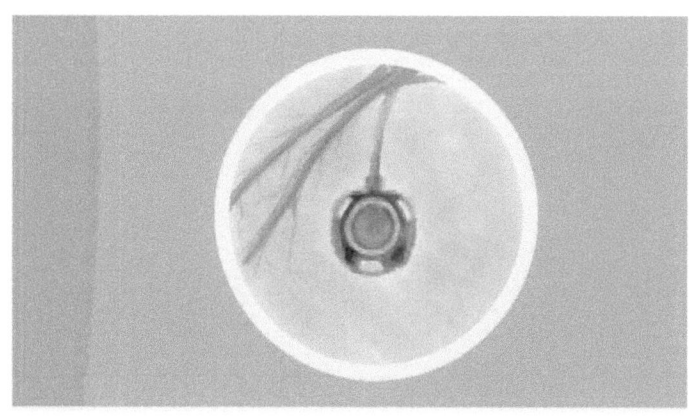

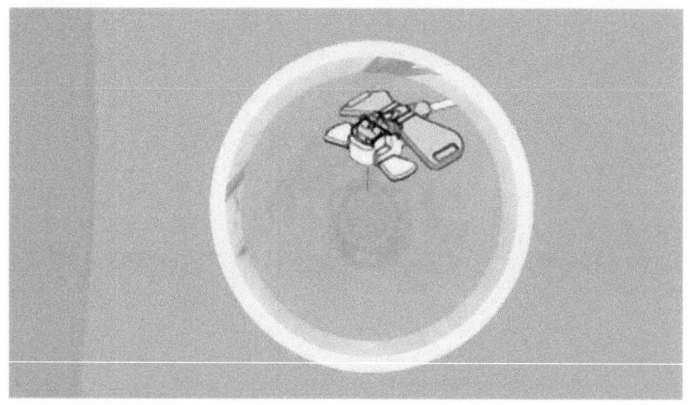

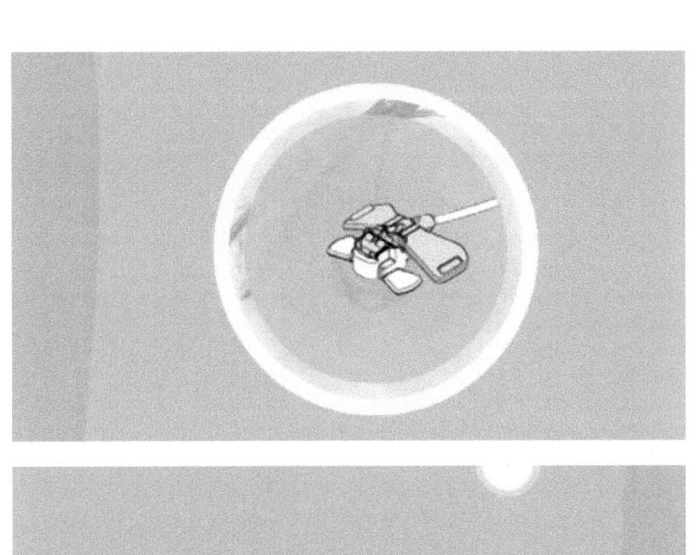

33

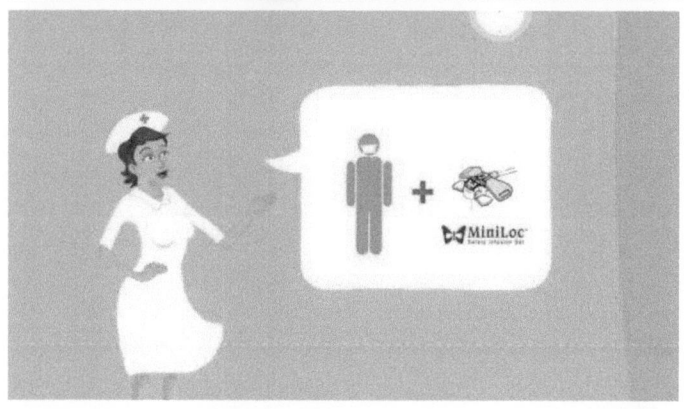

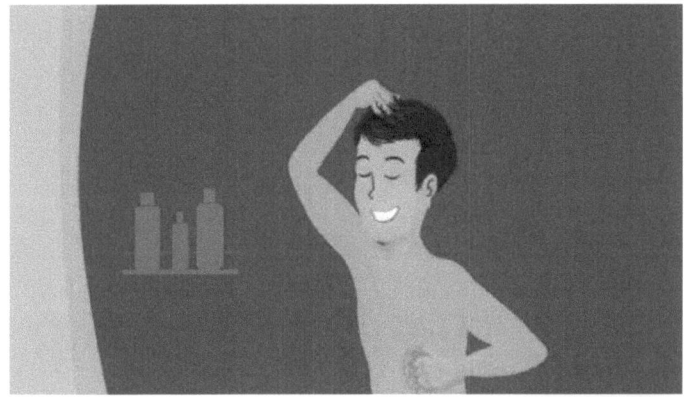

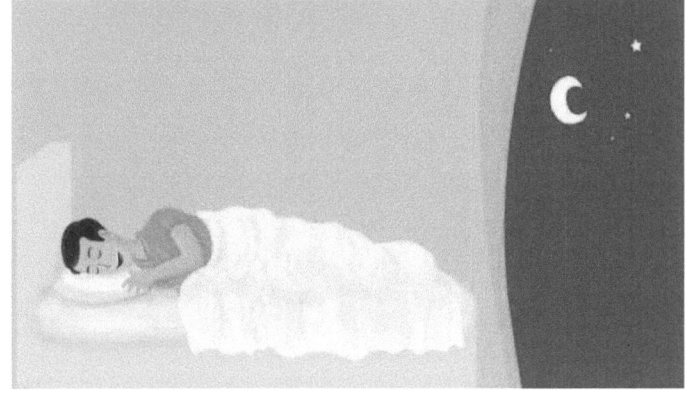

35

Analisi dello story board,

Il consiglio presentato è stato analizzato da un gruppo di specialisti in infermieristica oncologica e da professionisti del marketing che hanno definito l'identità visiva e del marchio, optando per l'eliminazione dei colori rosa e il mantenimento dei toni nudi e blu, e chiedendo di rimuovere l'impronta dell'ago nell'animazione. È stata richiesta una migliore definizione del design del catetere e del letto.

Il programma utilizzato per creare i media.

Per creare i supporti è stato utilizzato il programma *Addobe Suite*, che consente di creare e spostare i disegni.

Team multiprofessionale che ha portato a termine il lavoro:

Colonna sonora _ Motion Blurfix Company;

Disegno _ Preparato da Thonny Willian de Mello

Animazione _ Produttori Thonny Willian de Mello e Silvei Corrêia, entrambi di Motion Blurfix.

36

Testo _ Alline Menegueti, BMR Medical

Sono state apportate le modifiche richieste ed è stato prodotto il filmato, che attualmente può essere visualizzato al seguente indirizzo

- https://www.youtube.com/watch?v=OV 1STIQ6PCw

- https://drive.google.com/drive/u/0/#folders/0BzEnYclPucjoSGp5R3NfMXhpNUO

V - CONCLUSIONE

Secondo CRESPO ET al, (2015), negli ultimi cinque anni sono stati sviluppati dagli infermieri diversi prodotti multimediali innovativi, completi e universalmente accessibili: software, blog, wiki, webquest, video e CD-ROOM, e-book. Un'ampia gamma di strumenti per aiutare e migliorare l'assistenza fornita dai professionisti infermieri per orientare la salute dei loro pazienti. Gli autori sottolineano inoltre che per sviluppare e creare questi lavori è stato necessario coinvolgere diversi professionisti, provenienti dai settori della comunicazione e della salute, oltre a tecnologi dell'informazione. Oltre a seguire i protocolli di ricerca non solo per identificare i bisogni, ma anche per realizzare il prodotto finale. Ciò si è visto chiaramente nella produzione di questo multimedia per le risposte alle domande sui cateteri.

Il nucleo di questo multimedia è costituito da informazioni e da un supporto visivo, quest'ultimo è ciò che rende visibile il messaggio. Il supporto comunicativo è di tipo visivo, costituito da struttura, forma, modulo, texture, colore e movimento, che vengono trascritti in messaggi criptati.

Va sottolineato che la lettura non verbale ha un ruolo nel materiale, come uno dei meccanismi di produzione del significato, integrato con altri campi di conoscenza, che agisce sulla cultura generale dell'individuo. Rappresenta un legame tra comunicazione e conoscenza, cioè tra ciò che si vede e ciò che si conserva, tra ciò che si conserva e ciò che si esprime, tra ciò che si esprime e ciò che ci si aspetta di vedere, garantendo una maggiore comprensione del messaggio.

La multimedialità informativa basata sulle domande dei pazienti garantisce lo sviluppo di risorse oggettive per la comprensione di un particolare gruppo, il che rende il video diverso nei suoi contenuti rispetto ai media commerciali prodotti da industrie che vogliono vendere il loro prodotto.

Il materiale qui prodotto cerca di rispondere alle semplici domande di un utente di un particolare prodotto e soddisfa le esigenze degli operatori sanitari che utilizzano il prodotto come facilitatore di informazioni identificate dalle esigenze di un gruppo di utenti.

Il testo dettagliato, basato su ricerche legittime, sarà un esempio dell'innegabile attenzione che deve essere applicata ai prodotti informativi destinati a qualsiasi tipo di consulenza sanitaria.

Lo studio ha evidenziato una serie di risorse informative prodotte senza criteri di ricerca legittimi, che non garantiscono la fonte dell'informazione.

Dopo il lavoro svolto, si ritiene che sia necessario garantire che i prodotti con informazioni sulla salute e linee guida per la cura siano rigorosamente analizzati e frutto della ricerca scientifica prima di essere esposti all'utente, nonché la necessità di testare tali prodotti.

È possibile ipotizzare che il materiale prodotto in questa sede faciliti la comprensione del paziente e il lavoro educativo dell'infermiere, ma è necessario continuare lo studio e validare il prodotto realizzato e il risultato della sua applicazione pratica alla vita quotidiana degli infermieri e dei loro pazienti negli ambulatori di chemioterapia.

Tuttavia, per garantire la qualità di tutte le informazioni e le indicazioni infermieristiche sulla salute, da utilizzare su supporti elettronici liberamente accessibili, proponiamo la creazione di un comitato o di un marchio di garanzia per le informazioni basate sull'evidenza scientifica.

RIFERIMENTI

APPOLINARIO, F. Metodologia da ciência: filosofia e pratica della pesquisa. ... Blumenau: Diretiva, 2006.

ASSAD, A.L. D; SOUZA, R.F.de. Sfide dell'innovazione nell'area del dibattito continuo, Cadernos de História da Ciência- Instituto Butanta- Vol. V, jul-dez2009.

BASTOS, M.A.R., Guimaraes E.M.P. Formazione a distanza in infermieristica: resoconto di un'esperienza. Rev. Lat. Am Enferm. 2003; 11(5): 685-91.

BARDIN, L. Analisi del contenuto. Traduzione di Luiz Antero Reto Augusto Pinheiro, Lisbona: Setenta 1988.

BASILE-FILHO, A.; OLIVEIRA E CASTRO, P.T.; JÙNIOR, G.A.P.; MARSON, F.; JÙNIOR, L.M.; COSTA, J.T. Sepsi primaria correlata a cateteri vascolari centrali,

Simposio di medicina intensiva: infezione e shock; Scuola medica di Ribeirao Preto, capitolo III, v. 31, pagg. 363-368, 1998.

BRUZI, LM; MENDES, DC, Importanza dell'assistenza infermieristica nella gestione delle complicanze legate ai cateteri completamente impiantabili. Rev Esc Enferm USP; 45(2): 5226 2011

CECAGNO, D. SIQUEIRA, H.C.H. CESAR VAZ, M.R., Parlare di ricerca, educazione e salute in infermieristica , 2010, disponibile a:

http://www.litoral.ufpr.br/sites/default/files/Revista Etc%26Tae n01.pdf

CRESPO, A. SCAVARDA, A. PASSOS, P.ELICHER, M.J.SANTIAGO, LC. , Management in multimedia sanitario/produzioni infermieristiche, BMR, spetial issue, v.5 n.5 Jan,2015. Disponibile all'indirizzo: http://www.businessjournalz.org/bmr/

ÉVORA, Y. D. M. O Paradigma da Informàtica em Enfermagem. Tesi di laurea presentata alla Scuola Infermieri di Ribeirao Preto dell'Università di San Paolo, 1998.

. Informatica nell'assistenza infermieristica £ IN: Carmem Elizabeth Kalinowski (Org.) Programma di aggiornamento infermieristico: salute degli adulti. PROENF. Porto Alegre: Artmed, 2006, pagg. 43-92.

. Processo di informatizzazione nell'assistenza infermieristica: linee guida di base. San Paolo: EPU; 2005.

FERREIRA, A.K.S.L. CAPONERO, F., TEIXEIRA M.J., Dolore indotto dalla chemioterapia antineoplastica, meccanismo di prevenzione e trattamento Pràtica Hospitalar Sao Paulo, n57, p14450, maggio-giugno 2008).

FIGUEIREDO,M.F.S; RODRIGUES_NETO,JF:LEITE: M.T.S. Modelli applicati alle attività di educazione sanitaria Rev Bras Enf , Brasilia. v 63 n 1 feb 210 Disponibile su: http://www.scielo.br/pdf/reben/v63n1/v63n1a19.pdf il 17 giugno 2013

BARRA, DCC. NASCIMENTO, ERP do; MARTINS, J de J; ALBUQUERQUE, GL; ERDMAN, AL; Evoluzione storica e impatto della tecnologia nell'area della salute e dell'assistenza infermieristica, Revista Eletrônica de Enfermagem, v. 08, n. 03, p. 422 - 430, 2006 Disponibile su http://www.fen.ufg.br/revista/revista8_3/v8n3a13.htm.

FROEHNER JÙNIOR, I. Cateteri venosi centrali totalmente impiantabili per la chemioterapia in 100 pazienti con neoplasie maligne.Universidade Federal de Santa Catarina   :   Florianópolis, 2005. Disponibile all'indirizzo: <

http://www.bibliomed.ccs.ufsc.br/CC0416.pdf > Accesso: 03 maggio 20113

GANASCIA, J.G. Intelligenza artificiale. Lisbona: Istituto Piaget, 1993.

HANNAH, K. J.; BALL, M. J.; EDWARDS, M. J. A. Introduzione all'informatica infermieristica. 3 ed. Porto Alegre: Artmed, 2009.

ISTITUTO NAZIONALE DEI TUMORI. Basi del trattamento. In: Ministero della Salute, editore. Azioni infermieristiche per il controllo del cancro. Rio de Janeiro; 2008.

3ed. P. 409-466

LÉVY, P. Intelligenza collettiva £ per un'antropologia del cyberspazio. San Paolo: Loyola, 1994.

. As Tecnologias da Inteligência: o futuro do pensamento na era da informàtica.Sao Paulo: Editora 34, 2002.

LOPES, A.C.C.; FERREIRA, A.A.; FERNANDES, J.A.L.; MORITA, A.B.P.S.; POVEDA,V.B.; SOUZA, A.J.S.Costruzione e valutazione di un software educativo sul cateterismo urinario indwelling. Rev Esc Enferm USP 2011; 45(1):215-22

MARQUES, I.R.; MARIN, H.F. Enfermagem na WEB: O process de criaçao e valididaçao de um WEB site sobre doença arteriosa coronariana. Rev Lat Am Enferm [periodico su Internet]. 2002[citato il 20 luglio 2004];10(3):[circa 10 p.]. Disponibile a:

http://www.scielo.br/scielo.php?script=sci_arttext&pid=S010411692002000300005&lng=pt &nrm=iso

MENDES, I. A C. et al. Comunicazione e infermieristica: tendenze e sfide per il prossimo millennio. Revista de Enfermagem da Escola Anna Nery, Rio de Janeiro: v. 4, n 7, p. 217- 224, agosto/2000.

MORAN, J.M. ^Insegnamento e apprendimento innovativi con le tecnologie audiovisive e telematiche^, IN: MORAN, J. M. et all. Nuove tecnologie e mediazione pedagogica. Campinas: Papirus. 2000.

PAULA, A.A.D.; CARVALHO, E.C.C. Insegnamento dell'assistenza perioperatoria ai pazienti: uno studio comparativo di risorse audiovisive (video) e orali. Rev.latino-am.enfermagem, Ribeirao Preto, v. 5, n. 3, p. 35-42, luglio 1997.

PERES H.H.C., DUARTE Y.A.O., MAEDA S.T., COLVERO L.A. Studio esplorativo sull'uso delle risorse informatiche da parte degli studenti universitari di infermieristica. Ver Esc Enferm USP. 2001;35(1):88-94.

POLIT, D.F., BECK, C.T, HUNGKER, B.P Fundamentals of nursing research 5ed, Porto Alegre. Artemed, 2004

PHILLIPS, L. D. Manuale di terapia endovenosa. Porto Alegre: Artmed, 2001.

REVELES,A.G., TAKAHASHI,R.T, Educazione sanitaria per gli stomizzati: uno studio bibliometrico. Rev. esc. Enferm. USP San Paolo v41, n2, giugno 2007.

REES, R.L. Internet: capire i computer. J Nurs Admin. 1978;8(3):70-3.

REIS, E.A.A.; DENSER, C.P.A.C.; MINATEL, V.F.; BORK, A.M.T. Definizione di indicatori di assistenza infermieristica basati su dati minimi [Internet]. [citato il 21 giugno 2008]. Disponibile da: http://www.sbis.org.br/cbis9/arquivos/730.doc

SANTIAGO, L. C. L'informatizzazione dei servizi infermieristici: la ricerca di informazioni sull'uso del computer nella pratica professionale ospedaliera quotidiana. Post-Dottorato in Infermieristica, Università di San Paolo, 2010.

SANTOS, A.S. A educaçao em saù reflexao e aplicabilidade em atença primària em saù, Ministério da saù 2007, disponibile su   a:

http://portal.saude.gov.br/portal/arquivos/pdf/caderno_de_educacao_popular_e_saude.pdf   il   20 maggio 2013.

SCHOUT, D.; NOVAES, H.M.D. Dal record all'indicatore: gestire la produzione di informazioni sanitarie negli ospedali. Ciênc. Saùde Coletiva. 2007;12(4):935-44.

VIDAL, E.M.; MARIA, J.E.B.; SANTOS G.L.S. Educaçao, informàtica e professores. Fortaleza: Demócrito Rocha; 2002.

ZEM-MASCARENHAS, SH. Apenenf: un ambiente web a supporto dell'insegnamento infermieristico. In: Proceedings of the 9th Brazilian Congress on Health Informatics; 2004 Nov 7-

10; Ri-beirao Preto [evento su Internet]. San Paolo: UNIFESP;2004, Disponibile a:

http://telemedicina.unifesp.br/pub/SBIS/CBIS2004/trabalhos/arquivos/247.pdf.

APPENDICE 1

DIARIO DI CAMPO

Strumento di raccolta dati per la ricerca intitolata **Multimedia come risorsa educativa sui cateteri venosi centrali a lungo termine per i pazienti sottoposti a chemioterapia.**

Autore: Adriana de Souza Crespo

Supervisore: Prof Dr. Luiz Carlos Santiago

DIARIO DI CAMPO

Giorno // __ Ora __ : _____ Settore:

Infermiere:

A) Descrizione delle risorse verbali o non verbali utilizzate dall'infermiere per discutere con il paziente sulla necessità di posizionare il catetere completamente impiantato?

APPENDICE 2

COPIONE DELL'INTERVISTA

1) Quali domande avete sul catetere venoso centrale a lungo termine?

APPENDICE 3- MODULO DI CONSENSO INFORMATO

Titolo: Il multimedia come risorsa educativa sui cateteri venosi centrali a lungo termine per i pazienti sottoposti a chemioterapia.

OBIETTIVO DELLO STUDIO: L'obiettivo di questo progetto è sviluppare un multimedia come risorsa educativa sui cateteri venosi centrali a lungo termine per i pazienti sottoposti a chemioterapia; valutare il contenuto del multimedia con infermieri specializzati che consigliano i clienti sui cateteri venosi centrali a lungo termine.

ALTERNATIVA ALLA PARTECIPAZIONE ALLO STUDIO: Lei ha il diritto di non partecipare a questo studio. Stiamo raccogliendo informazioni per sviluppare un protocollo per l'evacuazione di pazienti gravemente malati in caso di incendio. Se non vuole partecipare allo studio, questo non interferirà con la sua vita professionale/studentesca.

PROCEDURA DELLO STUDIO: se deciderete di prendere parte a questo studio, parteciperete rispondendo a domande individuali della durata di circa 10 minuti e utilizzeremo le vostre risposte come parte dell'oggetto della ricerca.

RISCHI: Potreste essere ansiosi per le domande che vi verranno poste.

BENEFICI: Le risposte al vostro questionario contribuiranno a sviluppare un CD/DVD per rispondere alle principali domande sul catetere per il trattamento, ma non sarà necessariamente a vostro diretto beneficio. Tuttavia, la partecipazione a questo studio vi fornirà maggiori informazioni sul posto e sulla rilevanza di questi scritti per l'istituzione in questione.

RISERVATEZZA: come già detto, il vostro nome non comparirà nei testi del progetto, né sui moduli che dovremo compilare. Nessuna pubblicazione basata su questo questionario rivelerà i nomi dei partecipanti alla ricerca. Senza il vostro consenso scritto, i ricercatori non divulgheranno i dati della ricerca in cui siete identificati.

DISCLAIMERS: Questa ricerca viene svolta presso le Clinicas Oncológicas Integradas-COI. È collegata all'Università Federale dello Stato di Rio de Janeiro - UNIRIO attraverso il programma post-laurea in Salute e Tecnologia nello Spazio Ospedaliero, con Adriana de Souza Crespo come ricercatrice principale, sotto la supervisione del Prof. Dr. Luiz Carlos Santiago.

Il ricercatore sarà a disposizione per rispondere a qualsiasi domanda. Se necessario, si prega di contattare Adriana de Souza Crespo al numero (21) 98259-2042, o il Comitato etico della ricerca, CEP-UNIRIO 26651214.3.3001.5533 al numero 2542-7771 o all'indirizzo e-mail cep-unirio@unirio.br. Avrà una copia di questo modulo di consenso da tenere con sé. Il paziente fornirà il proprio nome, indirizzo e numero di telefono solo per consentire all'équipe di studio di contattarlo in caso di necessità.

Nome:_____

Telefono: _____

Ho letto questo documento, composto da due pagine (dritto e rovescio), e accetto di partecipare a questo studio.

Firma:

Data: _____

Ho discusso la proposta di ricerca con questo partecipante e, a mio parere, egli ha compreso le sue alternative (compresa la non partecipazione alla ricerca, se lo desiderava) e ha dato il suo libero consenso a partecipare a questo studio.

Firma: (Ricercatore): _____

Nome: Adriana de Souza Crespo

Data: _____

Printed by Books on Demand GmbH, Norderstedt / Germany